Nudo

නිරුවත

Italiano-Singalese

Libro illustrato bilingue per bambini

Richard Carlson

Suzanne Carlson

I miei due fratelli minori, Michael e Steven, ed io stavamo lottando in un'enorme, densa e profonda pozzanghera di fango nel nostro cortile. Poi, è arrivata l'ora di cena.

La mamma è entrata nel cortile sul retro e ha detto: "Spogliatevi che vi lavo".

මගේ මල්ලිලා දෙදෙනා වන මයිකල් සහ ස්ටීවන් සහ මම අපේ ගෙවත්තේ විශාල, සන සහ ගැඹුරු මඩ වළක පොර බදමින් සිටියා. ඉන්පසු, රාත්‍රි ආහාරය ගන්න වෙලාව පැමිණියා.

අම්මා ගෙදර මිදුලට ගිහින් "ඔයාගේ ඇඳුම් ගළවන්න, මම ඔයාට හෝස් එක අල්ලන්නම්" කීවා.

Michael e Steven si sono tolti tutti i vestiti, ma io ho lasciato le mutande.

"Togliti le mutande", ha detto la mamma.

මයිකල් සහ ස්ටීවන් ඔවුන්ගේ සියලු ම ඇඳුම් ගලවා දැම්මු නමුත් මම

මගේ යට ඇඳුම ඇඳගෙනම හිටියා

"ඔයාගේ යට ඇඳුම් ගලවන්න" අම්මා කීවා.

Mi è venuto un nodo in gola. Sarah, una ragazza della mia età, abitava nella casa accanto.

Sarebbe stato già abbastanza brutto per una ragazza vedermi in mutande, figuriamoci vedermi nudo. Sentivo il cuore che mi batteva in gola.

මගේ බඩත් රිදෙන්න ගත්තා. සාරා, මගේ වයසේ ගැහැණු ළමයෙක්, එහා ගෙදර හිටියා.

ගැහැණු ළමයෙක් මාව යට ඇඳුමෙන් විතරක් දැක්කත් නරකයි, නිරුවතින් දැක්කොත් මොනවා වේවි ද. මගේ හදවත උගුරේ ගැහෙනවා මට දැණුනා.

"Non voglio", risposi, accigliato e indicando la casa accanto alla nostra. "Sarah potrebbe vedermi nudo".

“මට ඕන නැහැ” මම නළල රැලි කරගනිමින් ඊට යාබද නිවස පෙන්වමින් පිළිතුරු දුන්නා. “සාරා මාව ඇඳුම් නැතුව දැක්කොත්.”

"Va bene, puoi lasciartele addosso", ha risposto la mamma con un grande sorriso. Ho sentito il mio stomaco nervoso e tremante tornare alla normalità.

"හරි, ඔයා එහෙනම් ඒක ඇඳන් ඉන්න" අම්මා ලොකු සිනහවකින් පිළිතුරු දුන්නා. මගේ චකිතය, වෙව්ලන බඩ නැවතත් සාමාන්‍ය තත්වයට පත් වන බව මට දැණුනා.

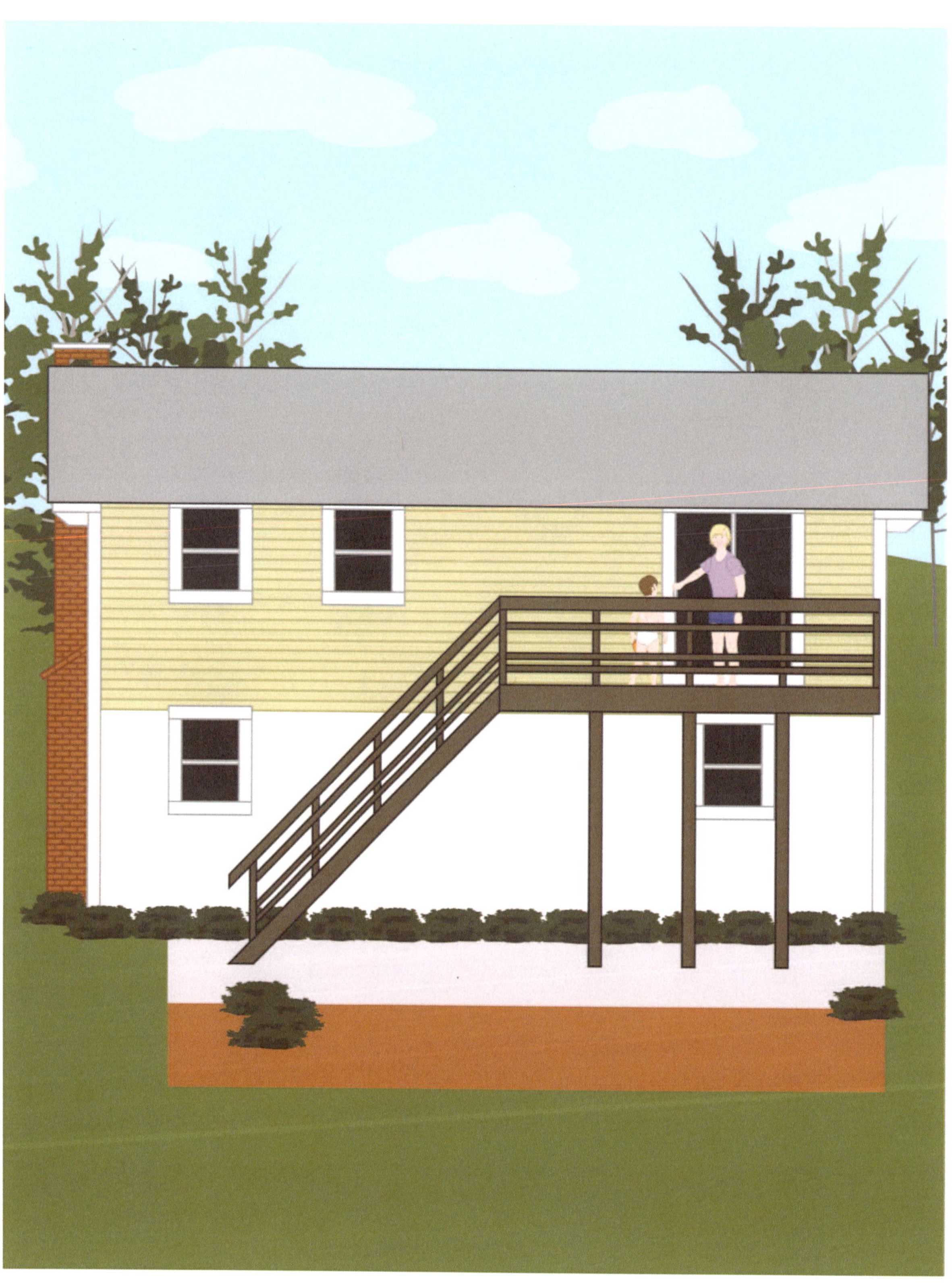

La mamma mi ha spruzzato per lavarmi, poi abbiamo salito le scale fino al pianerottolo e siamo entrati attraverso la porta scorrevole.

අම්මා මාව පිරිසිදු කළා, ඊට පස්සේ අපි පඩිපෙළ නැගලා තට්ටුවට සහ ස්ලයිඩින් දොරෙන් ඇතුළට ගියා.

Dentro, mi sono sentito al sicuro, allora mi sono tolto le mutande. I miei fratelli ed io andammo velocemente, nudi, nelle nostre camere da letto e ci vestimmo di fresco.

Sono così felice di aver detto alla mamma come mi sentivo!

ඇතුළේ මට ආරක්ෂාවක් දැනුණ නිසා මම යට ඇඳුම් ඉවත් කළා. මමයි මල්ලිලායි නිරුවතින් අපේ නිදන කාමරවලට ගිහින් අලුත් ඇඳුම් ඇඳගත්තා.

මට දැනුන දේ අම්මට කිව්ව එක ගැන මට ගොඩක් සතුටුයි!

Informazioni sul libro: Richard è un ragazzo molto timido, sensibile e fantasioso. Non c'è niente di più imbarazzante per lui di essere visto nudo da una ragazza. La mamma capirà la sua situazione e lo aiuterà a uscire dalla situazione scomoda in cui si trova? Basato su una storia vera accaduta a Stormville, nello stato di New York, USA, intorno al 1979.

L'autore: Richard Carlson Jr. è un autore di libri bilingui per bambini. www.richardcarlson.com

L'illustratrice: Suzanne Carlson, artista dotata di un talento poliedrico, si diverte a creare un'ampia gamma di progetti. www.suzannecarlson.com

* 9 7 9 8 8 6 9 0 6 8 5 2 1 *